DEUS CRIOU O MUNDO EM SETE DIAS. VOCÊ SABE O QUE FOI CRIADO EM CADA DIA? VEJA NAS PÁGINAS A SEGUIR.

HÁ MUITO TEMPO, SÓ HAVIA DEUS. ENTÃO, ELE DECIDIU CRIAR OS CÉUS E A TERRA. DEUS DISSE: "HAJA LUZ!" E A LUZ SURGIU PARA ILUMINAR TODA AQUELA ESCURIDÃO. DEUS CHAMOU A LUZ DE **DIA** E A ESCURIDÃO, DE **NOITE**. ESSE FOI O **PRIMEIRO DIA**.

NO **SEGUNDO DIA**, DEUS FEZ A SEPARAÇÃO DAS ÁGUAS E CRIOU OS **CÉUS**.

JÁ NO **TERCEIRO DIA**, DEUS DISSE: "JUNTEM-SE AS ÁGUAS DEBAIXO DOS CÉUS EM UM LUGAR!". E CHAMOU A ESSA PARTE **TERRA** E A OUTRA, **MARES**. E VIU QUE ERA BOM.

COM TANTA TERRA DISPONÍVEL, DEUS DECIDIU ENCHER O ESPAÇO COM **ÁRVORES**, **FRUTOS** E **SEMENTES**.

APÓS ISSO, DEUS CRIOU UMA GRANDE ESFERA DE LUZ. A ELA, DEU O NOME DE **SOL**, QUE PASSOU A SER RESPONSÁVEL POR ILUMINAR OS DIAS.

LOGO EM SEGUIDA, DEUS TAMBÉM CRIOU A **LUA** E AS **ESTRELAS**, AS RESPONSÁVEIS POR TRAZER LUZ À ESCURIDÃO DA NOITE. ESSE FOI O **QUARTO DIA**.

DEUS TAMBÉM FEZ NASCER AS **AVES**, QUE, COM SUAS LINDAS ASAS, PASSARAM A POVOAR OS CÉUS.

POR FIM, DEUS DISSE: "FAÇAMOS O HOMEM À NOSSA IMAGEM E SEMELHANÇA". SURGIU, ENTÃO, O PRIMEIRO **HOMEM** DO MUNDO. A ELE, DEUS DEU O DOMÍNIO SOBRE TODAS AS ESPÉCIES DA TERRA.

HAVENDO DEUS ACABADO SUA OBRA, NO **SÉTIMO DIA**, **DESCANSOU**. APÓS TER CRIADO TUDO O QUE HAVIA NA TERRA, DEUS PRESENTEOU SUA CRIAÇÃO COM UM LINDO JARDIM, CHAMADO ÉDEN, E COLOCOU **ADÃO**, O PRIMEIRO HOMEM, PARA ALI VIVER.

DEUS PENSOU QUE NÃO SERIA BOM O HOMEM FICAR SOZINHO. ASSIM, AINDA NO SEXTO DIA, DEUS CRIOU **EVA**, A PRIMEIRA MULHER. E FOI DESSA MANEIRA QUE ELE CRIOU O **MUNDO**.